中华诵·经典素读教程系列

中华国学课本

ZHONGHUA GUOXUE KEBEN

第一册

张庆华 主编

一年级 ________ 班

姓名 ______________

中华书局

目录

声　律

编者的话

教育部2012年发布的最新修订版《小学语文课程标准》前言写道："语文课程还应通过优秀文化的熏陶感染，提高学生的思想道德修养和审美情趣，使他们逐步形成良好的个性和健全的人格，促进德、智、体、美诸方面的和谐发展。"《标准》还要求小学生背诵160篇优秀诗文。《中华国学课本》的编写，就是希望通过将丰富精深的传统文化内容课时化、情趣化、游戏化，让小学生寓学于玩，从而广泛深入地实践新语文课程标准。编写《中华国学课本》的目标，在于让孩子从道德评价、风俗习惯、交往礼仪、生活常识等方面去感受中华传统文化的独特魅力，使当代小学生能在学习过程中，正视祖国优秀的传统文化，吸取其精华，陶冶完美人格，开发自身的主体智慧，使识字、阅读、记忆、观察、思维、判断、想象、体能、灵感等方面的潜能得到更为科学、更为高效的开发和培养。

一、教材编写

（一）科学借鉴，精选适度

我们在编写教材时，尽可能实现如下目标：内容可读性强、编排线索简明、序列清晰、便于学生诵读和学习。通过对教材教法的研究，我们在"度、量、正、懂"四字上进行了反复斟酌。

1. 度： 要讲求分寸的把握。少儿传统文化学习要做到适当、适度、适宜、适合。课本所编选的诗歌、古文、韵文等，内容贴近儿童的生活，朗朗上口，便于记诵。

2. 量：《中华国学课本》编选内容量的确定是以不增加学生学习负担为前提的。教材每册定位 20 课时，课文 20 篇，其中古诗 6 首，古文 10 篇，韵文 4 篇。一首诗一般最多 56 字，一段短文 50 字左右，韵文如《声律启蒙》节选 80 多字，都在课堂中完成学习，当堂读、背、画完成后，不再布置其他作业。

3. 正：《中华国学课本》课程的教学目标是对少年儿童进行德育与智育，尤其是情感的培养和陶冶，把真善美的东西教给孩子们。

4. 懂：我们是在引导学生初知或粗知的基础上来安排学习、诵读的。具体做法是，让学生初知一点，不深究。在学习过程中，凡是能够让学生开心地学、爽朗地读、创造性地嬉戏的形式，都是可以尝试的。

（二）内容丰富，设计创新

在编写时，我们也注意到了课堂教学的规范性和开放教学的灵活性：低年段内容的选编，多以表现儿童生活内容的篇章为主；中高年段则根据学生的认知能力和接受程度，编选优秀传统文化中有关为人处世、修身养性的篇目。编选时，尽量做到不与其他教科书内容重复。版块设置介绍如下：

1. **诵读**：诵读的方式可以是开放的，多种多样的，节奏读、韵律读、音乐读、相声版、京戏版、夫子版等都可以采用。

2. **注释**：设置注释的目的是帮助学生理解，因此对妨碍理解的字、词进行简洁的注释。

3. **诗意体悟**：本着浅显易懂、浅入浅出的原则，讲解诗文的内容和特色，让学生能基本了解即可，教学时也只是点到为止。

4. **阅读提示**：针对所选课文的内容和特点，进行具体的阅读指导。

5. **创意空间**：本版块的设置体现了体验化教学设计，课堂上师生一起以读、聊、诵、吟、画、玩的形式来进行学习。比如低年段的“我会这样涂涂画画”、中高年段的“诗情画意显身手”（我可以涂画、作诗、写对联）等，就是用读来完成学、用玩来理解意、用涂鸦等独特的创造和嬉戏，来表达和体现各自的情等，真正做到让学生体悟在诗意里，成长在无限的创造活动情趣中，既开发语言功能，又激发想象能力。

6. **汉字寻根和书写练习**：设置本版块，是希望学生通过观察、了解、欣赏、书写汉字，培养其对祖国汉字文化的喜爱之情，通过寻字、赏字、评字、写字，让学生从小养成眼中观字、心中想字、脑中记字、手写好字的优良习惯。“汉字寻根”只在古文部分设置。

7. **国学常识**：国学常识是对课文内容的补充和拓展。每册设置 3 课，所选均为中国人应知应会的国学常识，提供给学生自学，教师不进行讲解。

二、教学方法，易于操作

通过对教材的编选和教学实践，逐渐形成了系统完整、便于操作的教学模式——五步教学法，具体做法是：

1. **课前游戏学**：依据儿童爱玩的天性，在课前利用 1—3 分钟，让小组长或学习委员领同学一起吟诵、读唱、编演游戏。

2. **课中趣味学**：一看注释读，二想故事或典故读，三看阅读提示读。一是不加不减字；二是读准字音有韵味。

3. **同学玩读学**：彰显儿童的玩耍嬉戏之趣，让学生用自己喜欢的方式诵读，如节奏明快朗诵版、稚趣横溢相声版、摇头晃脑夫子版、韵律和声吟诵版等。

4. **师生同聊学**：师生同聊的课堂，聊中品读聊出情、聊中戏玩聊出趣、聊中感悟聊出智，让师生在课堂中，都能以轻松自如的状态去表达，去传递，去交流，去碰撞。

5. **诗情画意学**：课本设置有“创意空间”版块，是为了让孩子们更好地进行体验性、参与性学习，让孩子们的想象力自由地驰骋。每上完一课，孩子们心中有情、脑中有画、手中有笔，可以立即把自己的理解和想法都表现出来。

三、目标明确，积少成多

关于《中华国学课本》的使用，我们有如下建议。

一、二年级：每周利用一节正式语文课，上《中华国学课本》一课。另外利用每天的晨读时间逐渐完成《三字经》、《弟子规》、《千字文》、《百家姓》的背诵。

三、四年级：每周用一节正式语文课，上《中华国学课本》一到两课。用每天的晨读时间完成《声律启蒙》、《笠翁对韵》以及《大学》、《论语》节选的背诵。

五、六年级：每周用一节正式语文课，上《中华国学课本》一到两课。用每天的晨读时间完成《中庸》、《诗经》、《论语》、《孝经》、唐诗、宋词的选背。

这样，学生从一年级起至六年级，六年间可积累诵读约 300 多首古诗文和部分整本的经典名著。相信这些优秀篇目的学习，必将提升孩子们儒雅淳静的气质，为孩子们以后的“薄发”奠定比较扎实的基础。

四、家校互动，有效评价

在课程学习中，引入评价环节，提倡师生同评、学生自评、同伴互评、亲子共评，设置针对学生学习、教师教学、班级整体情况的测评表。

一是设计了针对学生的《中华国学课本》学习情况测评表（见附表 1），评分标准采用百分制，具体要求包括：1. 集体诵读展示，所有同学参与；2. 诵读时字正腔圆，声情并茂；3. 诵读形式多样，趣味性强；4. 分组表演中，大方自信，各展所长；5. 对《中华国学课本》的熟悉程度；6. 能进行个性创作，书、画整洁漂亮。

二是设计了针对教师使用的《中华国学课本》教学情况明细表（见附表 2）。

三是设计了针对班级整体的《中华国学课本》班级情况测评表（见附表 3），评分采用“优、良、中”等级制，具体要求为：1. 优：95% 的同学能熟练背诵，节奏感强 ；2. 良：90% 的同学能通背，正确、通顺、流畅；3. 中：80% 的同学能通背，正确、通顺、流畅。

附表 1：

《中华国学课本》学习情况测评表

班　级	诵　读	表　演	创　作	综合得分

附表 2：

《中华国学课本》教学情况明细表

年级 / 班级		授课老师		学生人数	
规定课时		已上课时		补上课时	
教学完成情况	学一带一				
	涂鸦创作				
	师生评价				
抽查效果	熟练通背人数				
	古诗背诵效果				
	古文背诵效果				
	韵文背诵效果				
教师教学感悟、意见及建议					

附表3：

《中华国学课本》班级情况测评表

班级人数情况			诵读效果			创作效果	
班级	应到人	实到人	古诗	古文	韵文	涂鸦	诗、文创作

张庆华

2013年3月

古诗

中国是诗的国度，诗歌普遍存在于我们的生活中。我们都是龙的传人，让我们怀揣好奇之心走进古代的儿童世界，了解他们的生活方式和风俗习惯……《折杨柳歌辞》、《答人》、《偶作》这三首诗中的主人翁，和我们一样对任何事物充满了好奇，表现了古代儿童的内心世界。《村晚》、《四时田园杂兴》、《山家》三首七言绝句，把我们带进充满神秘而快乐的天地，让我们感受农家孩童淳朴可爱、勤劳善良的天性，热情好客的优秀品质。我们刚接触古诗学习，要试着了解古诗诵读的欢快节奏与韵律之美，让我们根据诗文意境大胆创编我们喜欢的诵读形式吧！

古诗

1 折杨柳歌辞

zhé yáng liǔ gē cí

梁鼓角横吹曲

jiàn ér xū kuài mǎ
健儿须快马，
kuài mǎ xū jiàn ér
快马须健儿。
bié bá huáng chén xià
跸跋黄尘下，
rán hòu bié cí xióng
然后别雌雄。

注释

① 跸跋：马蹄声。
② 别雄雌：分出高低。

健儿要骑上快马才显得身手特别矫健，快马要有健儿驾驭才能尽情驰骋。大伙儿来到黄土地上扬鞭奋蹄比试一番，才能分出谁是真正的健儿，哪一匹是真正的好马。

这首诗写出了青年骑马驰骋的高超技能，到底谁是英雄，且看马上功夫如何。真是快人快语！朗读时，吐字清楚、语调高昂而有气势，仿佛听到马蹄哒哒，看到健儿们正扬鞭催马，卷起滚滚黄尘扑面而来！

1. 我会和小伙伴一起读、说、背、吟、唱、演。互相评一评。（涂红花朵表示）

同伴评一评：　很好　好　须努力

2. 我会这样涂涂画画。

2 答人
dá rén

〔唐〕太上隐者

ǒu lái sōng shù xià
偶来松树下，
gāo zhěn shí tóu mián
高枕石头眠。
shān zhōng wú lì rì
山中无历日，
hán jìn bù zhī nián
寒尽不知年。

注释

① 历日：日历，历书。

诗意体悟

我信步来到松树底下，用石头当枕头而自在安眠。山中没有历书，暑去寒来，不知是何年何月。

阅读提示

作者置身于广阔的大自然中，忘却了一切烦恼，一头躺在石头上自得其乐，让人羡慕又觉惬意。这样的好风景、这样的好时光谁还会在乎它过了多久呢！同学间可以用明快的节奏、活泼的语调拍手对唱，抒发一种悠闲、惬意之感。

1. 我会和小伙伴一起读、说、背、吟、唱、演。互相评一评。（涂红花朵表示）

同伴评一评：  很好   好  须努力

2. 我会这样涂涂画画。

3 cūn wǎn
村 晚

〔宋〕雷　震

cǎo mǎn chí táng shuǐ mǎn bēi
草满池塘水满陂①，
shān xián luò rì jìn hán yī
山衔②落日浸③寒漪④。
mù tóng guī qù héng niú bèi
牧童归去横牛背，
duǎn dí wú qiāng xìn kǒu chuī
短笛无腔信口吹。

注释

① 陂：指池塘。
② 衔：口里含着。
③ 浸：淹没。
④ 漪：水波纹。

诗意体悟

长满青草的池塘里，池水涨得满满的，正落山的太阳红红的，像被山口咬住一样，倒映在微波泛起的清凉池水中。放牛回家的孩子横坐在牛背上，手握短笛随意地吹着，真是情趣悠然啊。

落日衔山，儿童横骑牛背，无拘无束地吹着笛子，洋溢着乡村生活的情趣。请大声朗读，读出自然，读出天真烂漫！

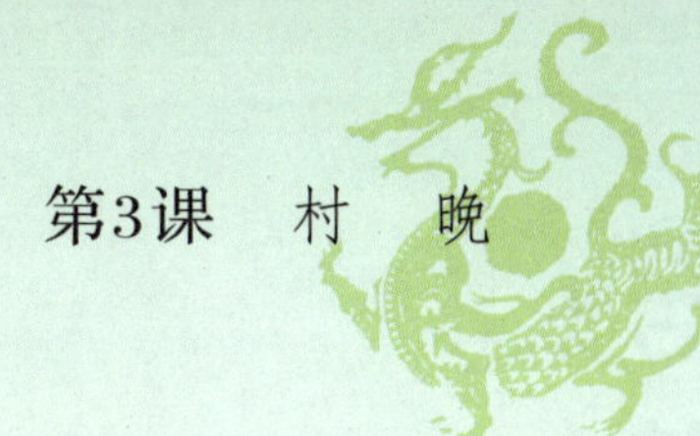

1. 我会和小伙伴一起读、说、背、吟、唱、演。互相评一评。（涂红花朵表示）

同伴评一评：  很好  好  须努力

2. 我会这样涂涂画画。

sì shí tián yuán zá xìng

4 四时田园杂兴

〔宋〕范成大

huáng chén xíng kè hàn rú jiāng
黄尘行客汗如浆，
shǎo zhù nóng jiā shù jǐng xiāng
少住侬家漱井香。
jiè yǔ mén qián pán shí zuò
借与门前磐石坐，
liǔ yīn tíng wǔ zhèng fēng liáng
柳阴亭午正风凉。

注释

① 侬：我。
② 漱：喝。
③ 亭午：正午。

诗意体悟

烈日当空，尘土飞扬。村边大路上，走来一位行人，浑浊的汗水湿透了他的衣衫，污染了他的面颊。小主人目睹行人又渴又累的情状，急忙请行人坐在大柳树下的石头上休息。然后跑到井边，装上香甜清凉的井水，捧到行人面前。

农家孩童见了陌生来客，主动劝饮，进而劝坐，善良而有礼，多么盛情啊！诗句节奏明快，朗朗上口，同学间可以表演着对诵，也可以拍手吟唱，让孩童助人为乐的甜蜜洋溢其中。

1. 我会和小伙伴一起读、说、背、吟、唱、演。互相评一评。（涂红花朵表示）

同伴评一评：  很好  好  须努力

2. 我会这样涂涂画画。

5 山家（shān jiā）

〔宋〕刘　因

mǎ tí tà shuǐ luàn míng xiá
马蹄踏水乱明霞，

zuì xiù yíng fēng shòu luò huā
醉袖迎风受落花。

guài jiàn xī tóng chū mén wàng
怪见溪童出门望，

què shēng xiān wǒ dào shān jiā
鹊声先我到山家。

注释

① 受：接着。

② 怪见：难怪，怪不得。

我骑着马儿踏着溪水，踩碎了水映着的彩霞，沉醉在山间美景中，迎风舞动衣袖，去接那飘飞的落花。奇怪的是山里的小孩都出门来看我，原来是喜鹊鸣叫把孩童呼唤出来。

前两句，写作者进山时的情景，轻装快马，风花吹送，神清气爽。后两句，作者来到山里人家，看到小童在探头探脑地观望，喜鹊也一同欢唱，更是兴致盎然。读时语气轻快悠扬，饶有趣味。还可以扮家家玩读！

1. 我会和小伙伴一起读、说、背、吟、唱、演。互相评一评。（涂红花朵表示）

同伴评一评：  很好  好 须努力

2. 我会这样涂涂画画。

6 偶作（ǒu zuò）

〔清〕袁　枚

偶寻半开梅，（ǒu xún bàn kāi méi）
闲倚一竿竹。（xián yǐ yī gān zhú）
儿童不知春，（ér tóng bù zhī chūn）
问草何故绿。（wèn cǎo hé gù lǜ）

偶尔一次我看见了一幕颇有情趣的景象：一竿翠竹边斜斜地倚靠着一枝含苞欲放的梅花。小孩子不知道是春天来了，好奇地问草儿怎么会绿了。

斜倚翠竹的梅花，透着浓浓的春意，而小童对此并不知晓。诗中小童天真烂漫、好问多事的形象，刻画得活灵活现。请大声朗读，读出好奇。

1. 我会和小伙伴一起读、说、背、吟、唱、演。互相评一评。（涂红花朵表示）

同伴评一评：

 很好  好  须努力

2. 我会这样涂涂画画。

做个讲礼仪的小朋友

亲爱的小朋友，我们祖国历来被称为“礼仪之邦”，非常重视和讲究礼仪。“礼仪”是什么呢？我们生活在社会中，经常要和别人打交道，而与别人打交道时应该注意的事项，就是通常所说的“礼仪”了。

现在，我们来聊一聊小朋友应该遵守的一些礼仪规范吧。

一、仪容仪表要整洁

古人认为，讲究礼仪，要注重个人衣着。衣着要整洁大方，符合自己的年龄和出席的场合。干净的衣衫鞋帽会让别人对你有个好印象——哦，这是个懂礼貌的小朋友呢！

二、个人卫生要讲究

从前有只小猪，不爱洗澡，身上总有一股怪味，大家都不愿和它玩儿。后来它意识到大家不理它是因为自己不讲卫生，就改正了不洗澡这个不好的习惯，于是，大家都愿和它玩儿了。

小朋友，你喜欢讲卫生还是不讲卫生的小猪呢？

“晨必盥，兼漱口；便溺回，辄净手”，每天早晨起床，要洗脸刷牙。饭前便后，一定要洗手。

三、坐立行走有规范

一个人的德行教养往往从举止姿态中可以体现出来，所以，我们要“站如松，坐如钟，行如风”。具体要怎么做呢？

首先，站要有站相。立端正，站姿挺拔笔直。“勿践阈，勿跛倚”，千万不能歪斜地靠在门边墙边，那会给人留下不好的印象。其次，坐也有坐相。稳稳当当地坐着，“勿箕踞，勿摇髀”，不要伸出两腿，腿也不要抖动。

古人也重视行走的姿势。快步行走是对尊者、长者、宾客表示敬意的一种走路姿势。平时小朋友要“步从容”，避免撞到他人或物品。

四、待人接物要得体

好客，是中华民族自古以来的传统习俗。有客人来访，小朋友要怎么做才有礼貌呢？

首先，要站在门口迎接宾客，向客人问候，然后请客人坐在尊位，沏茶敬茶。如果大人没有吩咐，不能随意走动，而是要静静地听大人的谈话，不随便插嘴。宴请客人时，要先请尊长动筷。客人告辞时，要为客人送行，通常要送到大门外辞别。其次，如果小朋友到别人家做客，要有礼貌地说话，不随随便便地碰触别人家的东西，告别时还要谢谢主人家的招待。还有，在和别人交往时，要尊重他人，讲文明的话语，诚实守信，这样才能得到别人的信任和欢迎。

（撰稿：广州天河体育东路小学　易晓娜）

古文

孟子曰："言近而指远者，善言也；守约而施博者，善道也。"《中华国学课本》赠予我们的正是这些能润泽心田的"善言"、"善道"。"昔时贤文，诲汝谆谆"，领着我们步入古文经典的殿堂，开始与圣贤对话，聆听圣贤之教。这一册选编古文皆耳熟能详、浅显易懂。涵泳玩味读之、诵之，有滋有味演之、玩之，"勤"字悄然入心。"一粥一饭当思来处不易"的勤俭，"学而时习之"的勤学……正所谓"一生之计在于勤"。君子"仁"、"义"、"礼"、"智"、"信"等一切品行的学习与修炼，由此开始。

7 立教

昔时贤文，诲汝谆谆。集韵增广，多见多闻。观今宜鉴古，无古不成今。尊师以重教，爱众而亲人。鸦有反哺之孝，羊有跪乳之恩。

《增广贤文》节选

古代的名言，使人明理。广泛阅读，就能见多识广。借鉴古人的经验，指导今天的行为。尊师重教，以仁爱之心待人。乌鸦衔食哺母，羊羔跪着吃奶，人更应该懂得报答父母的养育之恩。

这段美丽的文字，想起亲切，读来上口，简洁押韵，注意读出韵味来！

1. 我会和小伙伴一起读、说、背、吟、唱、演。互相评一评。（涂红花朵表示）

同伴评一评：  很好  好 须努力

2. 我会这样涂涂画画。

8 做人

zuò rén

yī nián zhī jì zài yú chūn
一年之计在于春，
yī rì zhī jì zài yú yín yī jiā
一日之计在于寅，一家
zhī jì zài yú hé yī shēng zhī jì
之计在于和，一生之计
zài yú qín zé rén zhī xīn zé jǐ
在于勤。责人之心责己，
shù jǐ zhī xīn shù rén
恕己之心恕人。

《增广贤文》节选

一年最好的季节在春天，一天最好的时光在早晨。家庭最宝贵的是和睦，人生最重要的是勤劳。严格要求自己，就会少犯错误；宽容对待别人，就会得到大家得尊重。

这段话就像是一位老人在给我们传授人生经验。在同学和朋友中间一定要想到别人的好，这样就会心平气和。读清楚、读流利。

创意空间

1. 我会和小伙伴一起读、说、背、吟、唱、演。互相评一评。（涂红花朵表示）

同伴评一评：  很好  好  须努力

2. 我会这样涂涂画画。

9 惜物

xī wù

yī zhōu yī fàn, dāng sī lái chù bù yì; bàn sī bàn lǚ, héng niàn wù lì wéi jiān.

一粥一饭，当思来处不易；半丝半缕，恒念物力维艰。

《朱子家训》节选

译文

对于一碗粥、一碗饭，都要考虑来之不易；面对半根丝、半条线，也应想到生产过程的艰辛。

阅读提示

这段话的内容不多，却告诉了我们深刻的道理：一切东西都来之不易，必须付出艰辛的劳动。因此，我们要勤俭节约，不能浪费。朗读要流畅、清晰，从而牢记于心。

1. 我会和小伙伴一起读、说、背、吟、唱、演。互相评一评。(涂红花朵表示)

同伴评一评：  很好  好  须努力

2. 我会这样涂涂画画。

10 理家

lǐ jiā

lí míng jí qǐ， sǎ sǎo tíng chú， yào nèi wài zhěng jié。

黎明即起，洒扫庭除，要内外整洁。

jì hūn biàn xī， guān suǒ mén hù， bì qīn zì jiǎn diǎn。

既昏便息，关锁门户，必亲自检点。

《朱子家训》节选

黎明就要起床，清扫院落，保持内外整洁。到了黄昏便要休息，并亲自查看关锁的门户。

早睡早起，生活有序，是良好的习惯。有节奏地读，可以戏读、玩读、演读、对读！

创意空间

1. 我会和小伙伴一起读、说、背、吟、唱、演。互相评一评。（涂红花朵表示）

同伴评一评：  很好  好  须努力

2. 我会这样涂涂画画。

11 礼（lǐ）仪（yí）

子（zǐ）曰（yuē）："君（jūn）子（zǐ）博（bó）学（xué）于（yú）文（wén），约（yuē）之（zhī）以（yǐ）礼（lǐ），亦（yì）可（kě）以（yǐ）弗（fú）畔（pàn）矣（yǐ）夫（fú）。"

《论语·雍也》

食（shí）不（bù）语（yǔ），寝（qǐn）不（bù）言（yán）。

《论语·乡党》

孔子说："君子广泛地学习知识，又遵守礼仪，就不会违背道理。"

吃饭的时候不交谈，睡觉前不说话。

好孩子要有好习惯，要时时记住好学上进，遵守规则。同学间可以击掌对读，还可以玩着吟唱。

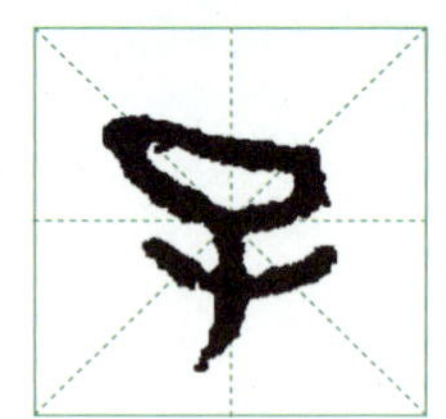

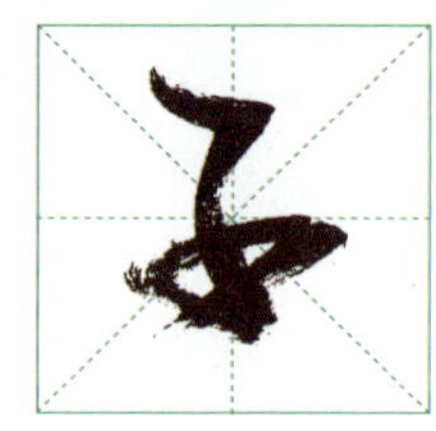

小篆	隶书	草书	行书	楷书

子：古代指儿女，如“妻子”指的是妻子和儿女；也是对人的尊称，如称老师或有道德、有学问的人：孔子。现在专指儿子：子女；有时也指动物的卵：鱼子；表示幼小：子鸡；用于计时：子时。

创意空间

1. 我会和小伙伴一起读、说、背、吟、唱、演。互相评一评。（涂红花朵表示）

同伴评一评：  很好  好 须努力

2. 我会这样涂涂画画。

古文

hào xué

12 好学

zǐ yuē jūn zǐ

子曰："君子，

shí wú qiú bǎo jū wú qiú ān

食无求饱，居无求安，

mǐn yú shì ér shèn yú yán jiù yǒu

敏于事而慎于言，就有

dào ér zhèng yān kě wèi hào xué yě

道而正焉，可谓好学也

yǐ

已。"

《论语·学而》

译文

孔子说："君子吃饭不要过饱，居住不求舒适，做事勤快，说话慎重，虚心学习别人的长处，随时改正自己的缺点，就可以说是好学的人了。"

阅读提示

生活不求奢华，做事勤勉，好学上进，这不就是君子风范吗？朗读时，既要注意标点，还要注意"而"的读音，"焉"的声调。

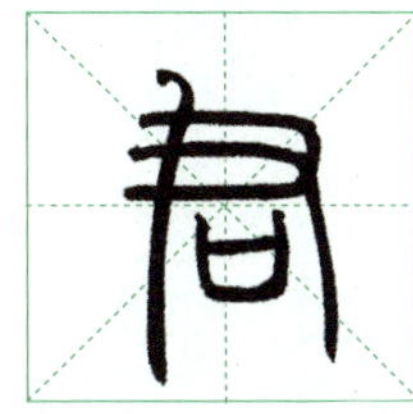		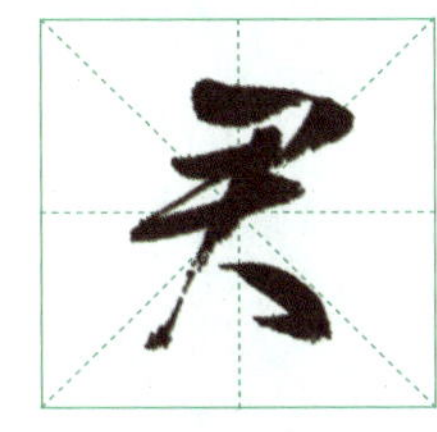		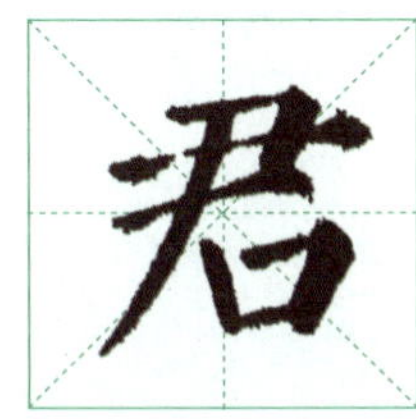
小 篆	隶 书	草 书	行 书	楷 书

君：封建时代指帝王、诸侯：君主；古代的封号：平原君；对对方的尊称：张君。

创意空间

1. 我会和小伙伴一起读、说、背、吟、唱、演。互相评一评。（涂红花朵表示）

同伴评一评：　很好　好　须努力

2. 我会这样涂涂画画。

13 从师

cóng shī

zǐ yuē sān rén xíng

子曰："三人行，

bì yǒu wǒ shī yān zé qí shàn zhě

必有我师焉，择其善者

ér cóng zhī qí bù shàn zhě ér gǎi

而从之，其不善者而改

zhī

之。"

《论语·述而》

孔子说："三个人一起走路，里面必定有可以充当我老师的人。选择长处向他们学习，看到短处就借鉴、改正。"

吸取别人的长处，来弥补自己的不足之处，这是一种虚心好学、自觉修养的精神。请放声朗读，读通读顺，吐字清晰，语调准确。

1. 我会和小伙伴一起读、说、背、吟、唱、演。互相评一评。（涂红花朵表示）

同伴评一评： 很好  好  须努力

2. 我会这样涂涂画画。

14 孔门三乐
kǒng mén sān lè

zǐ yuē xué ér shí xí
子曰：“学而时习

zhī bù yì yuè hū yǒu péng zì
之，不亦说乎？有朋自

yuǎn fāng lái bù yì lè hū rén
远方来，不亦乐乎？人

bù zhī ér bù yùn bù yì jūn zǐ
不知而不愠，不亦君子

hū
乎？”

《论语·学而》

孔子说：“努力学习，经常复习，不是很快乐的事吗？有朋友从远方来，不是很令人高兴吗？没有人了解自己，也不怨恨、恼怒，不就是品德高尚的君子吗？”

每次复习都有新的发现，与志同道合的朋友交流，真是人生乐事啊！以宽容之心对待不了解自己的人，不正是君子风范吗？朗读时要欢快、活泼、亲切，可以戏读、玩读、演读、对读。

创意空间

 1. 我会和小伙伴一起读、说、背、吟、唱、演。互相评一评。（涂红花朵表示）

 同伴评一评：  很好  好  须努力

 2. 我会这样涂涂画画。

15 修身

xiū shēn

wú rì sān xǐng wú shēn
吾日三省吾身——

wèi rén móu ér bù zhōng hū yǔ
为人谋而不忠乎？与

péng yǒu jiāo ér bù xìn hū chuán
朋友交而不信乎？传

bù xí hū
不习乎？

《论语·学而》

我每天都要再三反省自己：帮助别人办事是否尽心竭力呢？与朋友交往是否言而有信呢？老师传授给我的知识是否复习了呢？

不断地检查自己的言行，不断地提升自己的人格；学习交友，以诚相待。大声朗读，真诚舒缓，可要注意问句的读法！

创意空间

 1. 我会和小伙伴一起读、说、背、吟、唱、演。互相评一评。（涂红花朵表示）

 同伴评一评：  很好  好  须努力

 2. 我会这样涂涂画画。

16 正身

zhèng shēn

zǐ yuē jūn zǐ bù
子曰：“君子不

yǐ sè qīn rén qíng shū ér mào
以色亲人，情疏而貌

qīn zài xiǎo rén zé chuān yú zhī
亲，在小人则穿窬之

dào yě yú
盗也与。”

《礼记·表记》

译　文

孔子说：“君子不用故做姿态亲近他人，心里疏远表面却亲近，小人才会这样做，同钻洞和爬墙的强盗没什么区别！”

阅读提示

只有言行相符、表里如一、恪守诺言、注重实际的人才能赢得尊重。大声朗读，注意停顿，读完整。

创意空间

1. 我会和小伙伴一起读、说、背、吟、唱、演。互相评一评。（涂红花朵表示）

同伴评一评：

2. 我会这样涂涂画画。

传神写意的中国画

小朋友，今天我们来聊一聊中国画。

在世界美术领域中，我国传统的绘画艺术具有鲜明的民族特色和悠久的历史，是举世瞩目的珍贵文化遗产。作为一名炎黄子孙，我们应该对中国画有一定的了解。

中国画，简称“国画”，因为常用朱红色和青色，所以又称为“丹青”。它用毛笔、墨和中国画颜料，在绢帛和宣纸等材料上绘制。

一般来说，中国画按题材可分为人物、山水、花鸟三科。

人物画，就是以人物形象为主体的绘画，讲究刻画人物的个性特征和精神风貌，常常通过渲染环境、动态来表现人物的神态。

山水画以山川万物为绘画的对象，主要表现画家对自然万物的感受和理解，因此不在意画得像，而是追求神韵的表达。

在中国画中，凡以花卉、花鸟、鱼虫和走兽等为描绘对象的画，都称之为花鸟画。花鸟画有工笔花鸟和写意花鸟的区别。工笔花鸟通过工笔细描，达到栩栩如生、形神兼备的效果；写意花鸟用笔简练，常常夸大和突出主要的绘画对象，以追求神似。

读到这里，小朋友是不是很想说：好深奥哦！的确，中国画就是这么博大精深的。那么，我们就通过欣赏传世名画来感受她的独特魅力吧。

东晋画家顾恺之的《洛神赋图》是根据曹植著名的《洛神赋》而作。全卷分为三个部分，曲折细致而又层次分明地描绘着曹植与洛神真挚纯洁的爱情故事。

（东晋） 顾恺之《洛神赋图》（局部）

唐朝的韩滉以画牛著称，后人就把他和以画马著名的韩干合称为“牛马二韩”。韩滉的《五牛图》是唐代流传下来的少数几件纸绢画真迹之一，是不可多得的镇国之宝。画中五只牛形态不同，形貌真切，生动表现了牛的生活形态和习性，体现了韩滉细致的观察能力和高超的绘画技能。

（唐） 韩滉《五牛图》

《清明上河图》是中国绘画史上最著名的作品之一，描绘的是北宋汴京清明时节的繁荣景象。通过这幅画，我们了解了北宋的城市面貌和当时各阶层人民的生活。《清明上河图》集宋代各画种的高超技艺于一图，体现了画家张择端在人物、山水、楼阁各方面的全面艺术修养。

（宋） 张择端 《清明上河图》（局部）

小朋友，我们欣赏中国画，不仅能感受图画之美，还能从中体会到作画者的情趣、学识。要想真正欣赏一幅名画，还得多读经典作品，才能熏陶出自己的品味哦。

（撰稿：广州天河体育东路小学 易晓娜）

声律

同学们，很高兴我们将一起进入韵文部分的学习。韵文的形式非常丰富，包括了赋、诗歌、词曲等，充满趣味性和韵律感，是我们的文化瑰宝，相信你一定会喜欢的。要知道，韵文中含有大量的知识、礼仪、典故，都可以帮助我们成为谦谦君子。

本册韵文内容选自《声律启蒙》和《笠翁对韵》，通过本册的学习，同学们可以了解一些韵文对仗、用韵的基本知识，以及音律的和谐优美和便于诵唱的特点。我们可以对读、游戏读、拍手读、表演读等，看我们的小朋友谁读得又准又有韵味。

17 声律启蒙·一东（节选）

shēng lǜ qǐ méng · yī dōng

yún duì yǔ, xuě duì fēng, wǎn zhào duì qíng kōng. lái hóng duì qù yàn, sù niǎo duì míng chóng.

云对雨，雪对风，晚照对晴空。来鸿对去燕，宿鸟对鸣虫。

sān chǐ jiàn, liù jūn gōng, lǐng běi duì jiāng dōng. rén jiān qīng shǔ diàn, tiān shàng guǎng hán gōng.

三尺剑，六钧弓，岭北对江东。人间清暑殿，天上广寒宫。

liǎng àn xiǎo yān yáng liǔ lǜ, yī yuán chūn yǔ xìng huā hóng. liǎng bìn fēng shuāng, tú cì zǎo xíng zhī kè; yī suō yān yǔ, xī biān wǎn diào zhī wēng.

两岸晓烟杨柳绿，一园春雨杏花红。两鬓风霜，途次早行之客；一蓑烟雨，溪边晚钓之翁。

注释

① 鸿：大雁。
② 钧：古代的重量单位。
③ 途次：途中。

《声律启蒙·一东》（节选）是小朋友喜爱的对韵歌，文字简洁优美。韵文从单字对到双字对、三字对、多字对；内容从天到地，由景及人。全篇押现代汉语“ong”、“eng”韵，节奏鲜明、韵味浓厚，读起来朗朗上口。

1. 我会和小伙伴一起读、说、背、吟、唱、演。互相评一评。（涂红花朵表示）

同伴评一评：  很好  好  须努力

2. 我会这样涂涂画画。

shēng lǜ qǐ méng · èr dōng

18 声律启蒙·二冬（节选）

chūn duì xià, qiū duì dōng, mù
春对夏，秋对冬，暮

gǔ duì chén zhōng. guān shān duì wán shuǐ,
鼓对晨钟。观山对玩水，

lǜ zhú duì cāng sōng.
绿竹对苍松。

féng fù hǔ, yè gōng lóng, wǔ
冯妇虎，叶公龙，舞

dié duì míng qióng. xián ní shuāng zǐ yàn,
蝶对鸣蛩。衔泥双紫燕，

kè mì jǐ huáng fēng.
课蜜几黄蜂。

chūn rì yuán zhōng yīng qià qià,
春日园中莺恰恰，

qiū tiān sài wài yàn yōng yōng. qín lǐng yún
秋天塞外雁雍雍。秦岭云

héng, tiáo dì bā qiān yuǎn lù; wū shān
横，迢递八千远路；巫山

yǔ xǐ, cuó é shí èr wēi fēng.
雨洗，嵯峨十二危峰。

注释

① 蛩：蟋蟀。

② 课：采。

③ 迢递：遥远。

④ 嵯峨：形容山很高。

⑤ 危：高。

《声律启蒙·二冬》（节选）的对偶句节奏鲜明，诵读时应掌握其独特的韵味。为了增加趣味性和体现对偶句的特点，可采用分组或男女声对读的方式进行诵读，也可以适当地采用民歌曲调进行吟唱。

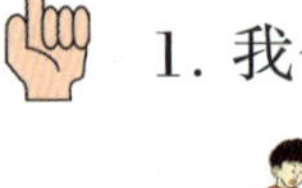

1. 我会和小伙伴一起读、说、背、吟、唱、演。互相评一评。（涂红花朵表示）

同伴评一评：  很好   好  须努力

2. 我会这样涂涂画画。

19 笠翁对韵·一东（节选）

lì wēng duì yùn yī dōng

hé duì hàn, lǜ duì hóng,
河对汉，绿对红，
yǔ bó duì léi gōng。yān lóu duì xuě dòng，
雨伯对雷公。烟楼对雪洞，
yuè diàn duì tiān gōng。
月殿对天宫。
yún ài dài, rì tóng méng,
云叆叇，日曈曚，
là jī duì yú péng。guò tiān xīng sì jiàn，
蜡屐对渔篷。过天星似箭，
tǔ bà yuè rú gōng。
吐魄月如弓。
yì lǚ kè féng méi zǐ yǔ,
驿旅客逢梅子雨，
chí tíng rén yì ǒu huā fēng。máo diàn cūn qián，
池亭人挹藕花风。茅店村前，
hào yuè zhuì lín jī chàng yùn；
皓月坠林鸡唱韵；
bǎn qiáo lù shàng，qīng shuāng suǒ dào mǎ xíng zōng。
板桥路上，青霜锁道马行踪。

注释

① 叆叇：云多而昏暗的样子。
② 曈曚：模糊不明。
③ 过天星：流星。
④ 吐魄月：新月。

阅读提示

《笠翁对韵·一东》（节选），声韵和谐，节奏明朗，读起来令人回味无穷。同学们在学习时可以进行再创作，比如：“云叆叇，日曈曚”，可以读作“叆叇云，曈曚日”。相信小朋友在老师的带领下，会有更多美妙的读法。

创意空间

1. 我会和小伙伴一起读、说、背、吟、唱、演。互相评一评。（涂红花朵表示）

同伴评一评：  很好  好  须努力

2. 我会这样涂涂画画。

20 声律启蒙·五微（节选）

shēng lǜ qǐ méng · wǔ wēi

lái duì wǎng, mì duì xī,
来对往，密对稀，

yàn wǔ duì yīng fēi。 fēng qīng duì yuè lǎng, lù zhòng duì yān wēi。
燕舞对莺飞。风清对月朗，露重对烟微。

shuāng jú shòu, yǔ méi féi,
霜菊瘦，雨梅肥，

kè lù duì yú jī。 wǎn xiá shū jǐn xiù, zhāo lù zhuì zhū jī。
客路对渔矶。晚霞舒锦绣，朝露缀珠玑。

xià shǔ kè sī qī shí zhěn,
夏暑客思攲石枕，

qiū hán fù niàn jì biān yī。 chūn shuǐ cái shēn, qīng cǎo àn biān yú fǔ qù; xī yáng bàn luò, lǜ suō yuán shàng mù tóng guī。
秋寒妇念寄边衣。春水才深，青草岸边渔父去；夕阳半落，绿莎原上牧童归。

注释

① 矶：水边突出的石头或石滩。
② 玑：形状不圆的珠子。
③ 攲：斜靠着。
④ 边衣：戍守边疆战士的衣服。

《声律启蒙·五微》（节选）为我们展现了汉字意境之美，风清月朗、露重烟微，瘦霜菊、肥雨梅，晚霞锦绣、朝露珠玑，岸边渔父、原上牧童，无一不令我们心驰神往。带着享受和愉悦，轻快活泼地读韵文，文美，孩子们更美。

1. 我会和小伙伴一起读、说、背、吟、唱、演。互相评一评。（涂红花朵表示）

同伴评一评：  很好  好  须努力

2. 我会这样涂涂画画。

春 节

每当临近春节的时候，家就像一块巨大的磁铁，吸引着在外的游子奔向故乡，奔向亲人。不论路途多遥远，不论过程多奔波，回家过春节、与家人团圆是每个中国人一年中最重要的期盼。

对于春节，你了解多少呢？

一、春节的概念

春节，是农历正月初一，又叫阴历年，俗称“过年”。一般认为，春节是从腊月二十三的小年开始，到新年后的正月十五元宵节才结束，其中除夕之夜和正月初一是高潮，最热闹。

二、春节的传说

小朋友，你知道，庆贺春节为什么叫做“过年”吗？

传说中“年”是个无恶不作的怪兽，每年的农历十二月都会出来祸害百姓。日子久了，大家发现“年”怕红色、灯光和响声。于是，每到农历的十二月，家家户户都贴上大红纸、燃放爆竹，并且保持屋内整夜灯火通明，用这种办法来吓跑“年”。当平安地度过了这个年关后，人们便奔走相告，走亲串友，相互道贺祝福，并期待新的一年吉祥如意。过年便是这么来的。

三、春节习俗知多少

在千百年的历史发展中，沉淀下来一些广为流传的活动，让春节这个节日显得特别隆重。比如扫灰尘、贴春联年画 贴福字、剪纸、守岁、发压岁钱、放爆竹、拜年、祭祖祭神等活动。春节期间，食物也很讲究，要精心准备。如年夜饭、蒸年糕、汤圆、饺子、屠苏酒、长寿面等等都是美味又吉祥的美食。春节期间，娱乐活动也不少。如放礼花、踩高跷、舞龙、舞狮等。

四、春节习俗的象征

各种风俗习惯一定有其寓意，所以能流传至今。珍爱光阴的守岁、除旧迎新的爆竹、互相祝福的拜年以及为美好生活祈愿的贴画和春联；“年年高”的蒸年糕、合家欢的年夜饭、发财高升的蒸年糕、团团圆圆的汤圆、如意吉祥的饺子、强身健体的屠苏酒……不论是哪种习俗，都寄托着人们对新年的美好祝愿和对未来生活的热切期盼。对于中国人来说，春节就是这样一个集情义、美食、娱乐于一体的节日。

（撰稿：广州番禺洛溪新城小学　徐春燕）

附录：亲子共读

爸爸妈妈一起来读哦！我给爸爸妈妈当老师。（涂红花朵表示）

第1课　家长评一评：很好　好　须努力

第2课　家长评一评：很好　好　须努力

第3课　家长评一评：很好　好　须努力

第4课　家长评一评：很好　好　须努力

第5课　家长评一评：很好　好　须努力

第6课　家长评一评：很好　好　须努力

第7课　家长评一评：很好　好　须努力

第8课　家长评一评：很好　好　须努力

第9课　家长评一评：很好　好　须努力

第10课　家长评一评：很好　好　须努力

第11课　家长评一评：很好　好　须努力

第12课　家长评一评：很好　好　须努力

第13课　家长评一评：很好　好　须努力

第14课　家长评一评：很好　好　须努力

第15课　家长评一评：很好　好　须努力

第16课　家长评一评：很好　好　须努力

第17课　家长评一评：很好　好　须努力

第18课　家长评一评：很好　好　须努力

第19课　家长评一评：很好　好　须努力

第20课　家长评一评：很好　好　须努力

图书在版编目(CIP)数据

中华国学课本.第1册/张庆华主编.—北京:中华书局,2013.9
(2014.3重印)
(中华诵·经典素读教程系列)
ISBN 978-7-101-09618-7

Ⅰ.中… Ⅱ.张… Ⅲ.中华文化-小学-教学参考资料
Ⅳ.G624.203

中国版本图书馆CIP数据核字(2013)第210618号

书　　名　中华国学课本　第一册
主　　编　张庆华
丛 书 名　中华诵·经典素读教程系列
责任编辑　祝安顺
出版发行　中华书局
(北京市丰台区太平桥西里38号　100073)
http://www.zhbc.com.cn
E-mail:zhbc@zhbc.com.cn
印　　刷　北京瑞古冠中印刷厂
版　　次　2013年9月北京第1版
2014年3月北京第2次印刷
规　　格　开本/889×1194毫米　1/16
印张4¼　字数13千字
印　　数　5001-10000册
国际书号　ISBN 978-7-101-09618-7
定　　价　15.00元